RIEDBLUES

Bodo Kolbe Songbuch

Die frühen Jahre

Noten Tabs und Texte

Andreas Keil   Bodo Kolbe   Roland Kirsch

© 2017 Andreas Keil, Roland Kirsch, Bodo Kolbe

Mit freundlicher Genehmigung: **Dickworz Bladde Verlag GmbH**

Text & Musik: **Bodo Kolbe**

Herausgeber: **Roland Kirsch**

Notensatz / Grafik: **Andreas Keil**

Herstellung und Verlag und: BoD – Books on Demand, Norderstedt

ISBN: 978-3-7448-7538-7

Vorworte

Ein Songbuch mit Bodo-Kolbe-Liedern hätte ich nie gemacht.
Nie machen können.
Doch da gibt es in Bürstadt diesen Schriftsteller, den der „Biibaa Blues"
zu seinem Krimi „Kartoffelblues" inspiriert hat. Den hat er mir vors Maul
gehängt wie der Angler dem Fisch den Wurm. Und ich habe zugebissen.
Seitdem treten wir hin und wieder zusammen auf. Lesung mit Musik.
„Kartoffel Blues" trifft „Biibaa Blues". Dann sagt der: „Wir machen ein
Songbuch mit deinen Sachen." „Noten schreiben, kann ich nicht!", sag
ich. „Macht nix. Ich kenn Einen, der kann das." Der kann das wirklich.
Und wie der das kann. Und der macht das. Jetzt hab ich ein Songbuch.
Und zwei neue Kollegen. Das ist der Beginn einer wunderbaren Freund-
schaft. Und das ist mit das Beste dran.

Lieber Roland, lieber Andreas,
vielen Dank für das Songbuch und die kurzweilige Zusammenarbeit
samt Bier und Schnittchen
Euer Bodo

P.S.: Die Noten zu „Mir koche vor Wut" habe ich selbst geschrieben.
Ganz viel früher. In einem anderen Leben.
Andreas hat gemeint: „Das stimmt einigermaßen. Das bleibt so drin!"
Meinetwegen. Aber nie wieder!

*   *   *

Lieber Bodo,
die gemeinsame Arbeit an diesem Songbuch hat nicht nur Spaß
gemacht. Es ist uns eine große Ehre, dich zum Freund zu haben
und mit dir zusammenzuarbeiten.

Mit einer tiefen Verbeugung vor dem Musiker und Poeten Bodo Kolbe

Andreas und Roland

*   *   *

INHALT

Eine kurze Geschichte vom Ried Blues

Aus dem CD-Booklet der Jubiläumsausgabe 1977 (20 Jahre) der LP „Mer speele de Bluus"

An einem Freitag Nachmittag im Frühjahr 1972. Wir stecken im Stau auf der Frankfurter Kennedyallee. Norbert Schamber und ich. Norbert zieht seine Mundharmonika aus der Tasche, spielt ein Intro und singt. Und diesmal singt er nicht: „I woke up early in the mornin´ feelin´ sad and blue!" – Was sowieso nie gestimmt hat. Damals wachten wir meist erst gegen Mittag auf, fühlten uns selten sad, und blue waren wir nur am Abend vorher. – Nein. Er setzt die Mundharmonika ab, öffnet den Mund, und heraus kommt:

„Mer speele de Bluus, so schwarz wie Latweje!"

Ein kurzes Riff auf der Harmonika und noch mal:

„Mer speele de Bluus, so schwarz wie Latweje!"

Wieder kommt die Bluesharp, und ich antworte:

„Die schwärzeste Kohle, ja die soin weiß do degeje!"

Und ohne Abzusetzen geht es noch drei Strophen weiter.

Es musste nie mehr etwas geändert werden.

Das Lied war da und blieb.

Und es kamen noch mehr dazu in den vergangenen 25 Jahren. Nach einer Handvoll Lieder (nicht immer so schnell entstanden wie „Mer speele de Bluus") gründeten wir eine Band. Die Band bestand etwa 5 Jahre lang, die Besetzung wechselte aber von Auftritt zu Auftritt, von Probe zu Probe. Manchmal auch von Probe zu Auftritt, wobei die geringe Zahl der Auftritte noch durch die Anzahl der Proben unterboten wurde. Man war sich schnell einig: „In dere Combo kriegt mer die Kränk." (Südhessisch für „da geht man kaputt"). Und schon hatte die Band einen Namen: **„Die Kränk"**. Der Kern der Truppe bestand aus Werner Panknien (Mundharmonika & Gesang), Hajo Zitzkowski (Bass) und mir (Gitarre, Gesang), aber an den Proben, Sessions und Auftritten war noch ein halbes Dutzend südhessischer Musiker beteiligt.

1974 hat mich Norbert überredet, einen Kurs für Bluesgitarre an der Volkshochschule zu geben. Er und ein paar Kumpels kämen vorbei und würden ein bisschen Klimpern lernen. Wir wären unter uns, und alles wäre ganz locker. War es auch. Aber es kam noch einer, den bis dahin keiner kannte: Alex Maillis (mit zwei Pünktchen auf dem ersten i. Das muss so sein, hat er gesagt, auch wenn man es auf der Schreibmaschine nicht so schreiben kann). Alex war kein verpennter Student wie wir, sondern ein Bankdirektor von einer Volksbank auf der anderen Rheinseite. Außer ein paar dunklen Anzügen und einem Sortiment Krawatten hatte er noch zwei Revox Bandmaschinen zu Hause. Mit denen konnte er fast genauso souverän umgehen wie mit einem Terminkalender. Und kaum ein halbes Jahr später hatte er mit Alfred Heupt, Hajo und mir ein Demoband mit 6 Titeln produziert.

Nun hatte jeder von uns mindestens einen Kumpel, der einen kannte, welcher einen Bekannten bei einer Plattenfirma hatte, der ...

Das Demoband ging von Hand zu Hand, legte Kilometer um Kilometer per Post zurück und stieß überall auf ausgeprägtes Desinteresse. Bis sich schließlich nach zwei Jahren diese kleine Plattenfirma meldete, die es erst seit einem halben Jahrzehnt gab, und die trotzdem schon bedeutend in den roten Zahlen steckte. Letzteres war uns nicht bekannt. „Wir machen das!", hieß es. „Vertrag kommt demnächst." Man teilte uns die Adresse eines Tonstudios in Frankfurt mit, wo wir uns melden sollten. Kurze Zeit später saßen wir in Kurt Eggmanns Wohnzimmer vor den Mikrofonen, während Kurt in seiner Schlafstube an den Reglern drehte.

Wir hatten die Hälfte der Aufnahmen bereits im Kasten, da kam der Vertrag. Äußerlich schon wenig ansprechend, war er inhaltlich geradezu katastrophal. Wir sollten das gesamte finanzielle Risiko der Produktion übernehmen. „Dazu braucht man keine Plattenfirma.", meinte unser Bankdirektor. „Das machen wir selbst!" Kurz darauf hatte ich einen Kredit von der Volksbank auf der anderen Rheinseite (ohne die geringste Sicherheit bieten zu können), Hajo und Werner fungierten als Bürgen (ohne die geringste Sicherheit bieten zu können). Jeder andere hätte unter diesen Umständen die Brocken hingeschmissen. Kurt bot an, auf sein Honorar zu verzichten, wenn die Sache schiefgeht. Wir nehmen weiter auf und telefonieren zwischendurch mit Presswerken, Druckereien und Schneidestudios. Einmal fragt die nette Dame vom Presswerk: „Wie heißt denn ihre Firma?" Ich halte den Hörer zu. „Die will wisse, wie unser Firma heißt." **„Dickworz Bladde Verlag!"**, sagt Hajo.

Dann lief die Plattenpresse an. Endlich. Und musste sofort wieder gestoppt werden. Da war das Lied „De Merfeller Dood". Eine uralte, lokale Geschichte, von der keiner wusste, wem sie passiert war. Ich hatte quasi als Widmung den Namen meiner Großmutter eingesetzt. Naja, ich hätte sie vorher fragen sollen. Die Namen im Stück wurden geändert, die Gesangsspur noch einmal aufgenommen, die Folie noch einmal geschnitten, noch einmal angepresst, noch einmal geprüft …

Spätsommer 1977.

Die Platte ist da. Es wurde ausgerechnet, wie viel Platten zu welchem Preis jeder von uns unter Androhung von Gewalt an seine Freunde und Verwandten verkaufen müsse, um ein finanzielles Desaster zu vermeiden. Die Freunde und Verwandten kamen ungeschoren davon. Kaum war das Kind auf der Welt, konnte es von alleine laufen. Sechs Wochen später konnten wir Kurt bezahlen. Ein Vierteljahr danach hatte die Volksbank auf der anderen Rheinseite ihr Geld zurück. Nach einem halben Jahr musste bereits zum vierten Mal nachgepresst werden.

Die Platte wurde nie ein Hit. Sie wurde ein Klassiker! Mehrere Titel wurden von anderen Gruppen („Bernie´s Autobahnband", „Ried Allstars", „Handkäs mit Musik" und natürlich die „Saure Gummern") aufgenommen und auf LP und später auf CD veröffentlicht. Die „Rodgau Monotones" haben mit „Mer speele de Bluus" ihren „Hessenrap" gescratcht (kann man nicht hören, steht aber auf der Innenhülle der LP). Mit zwei Ausnahmen wurden die Texte der Lieder bisher insgesamt zwei Dutzend Mal gedruckt: In Zeitschriften, Anthologien über Dialektdichtung und sogar in Schulbüchern (darunter ein Werk für den Musikunterricht an Oberstufen). Ein Großteil der Titel wurde zu südhessischen Standards, die im Repertoire etlicher Bands seit 20 Jahren immer wieder auftauchen. Im Gerauer Land speele „Handkäs mit Musik" de Bluus, im Dieburger Raum singen die „Fissemadende" vom „Merfeller Dood" und wenn es mal net so druffookimmt, spielt Alfred Heupt mit seiner „Al C Blues Section" im Jazzclub in Darmstadt „Es kimmt net uff die Greeß oo".

Gewiss. Auch in Südhessen wird von jungen Musikern gerapt und der Hip gehopt. Und das Metal ist heavy und laut. Wir haben nun mal keine lebendige Volksmusiktradtion und werden sie trotz der Wiederbelebungsversuche diverser Folkrevivals nicht zurückbekommen, aber

… awwer: **Mer speele de Bluus**

„Die Kränk", 1975 (von links): Werner Panknien, Bodo Kolbe, Hajo Zitzkowski

Mer speele de Blues

1. Mer speele de Blues, so schwarz wie Ladweje.
   Mer speele de Blues, so schwarz wie Ladweje.
   Die schwärzeste Kohle, ja die soin weiß do degeje.

2. Mer kumme net vum Mississippi, mer kumme aus`m Ried.
   Mer kumme net vum Mississippi, mer kumme aus´m Ried,
   wo kaa Baumwoll unk aan Cotton wo nur die Dickworz blieht.

3. Mer gehn net ins Barrelhouse, de Sattler, der is unser Kneip.
   Mer gehn net ins Barrelhouse, de Sattler, der is unser Kneip,
   dann fer en Gespritzte, is es zum Mississippi zu weit.

4. Mer fohrn net mim Greyhound, mim Greyhound iwwers Land.
   Mer fohrn net mim Greyhound, mim Greyhound iwwers Land.
   Mir Oin on the road mit em Zweckverband.

5. Mer speele de Blues so schwarz wie Ladweje.
   Mer speele de Blues so schwarz wie Ladweje.
   Die schwärzeste Kohle, ja die soin weiß do degeje.

Vorm Door Steher Rag

Bodo Kolbe

Capo am 4.Bund

13

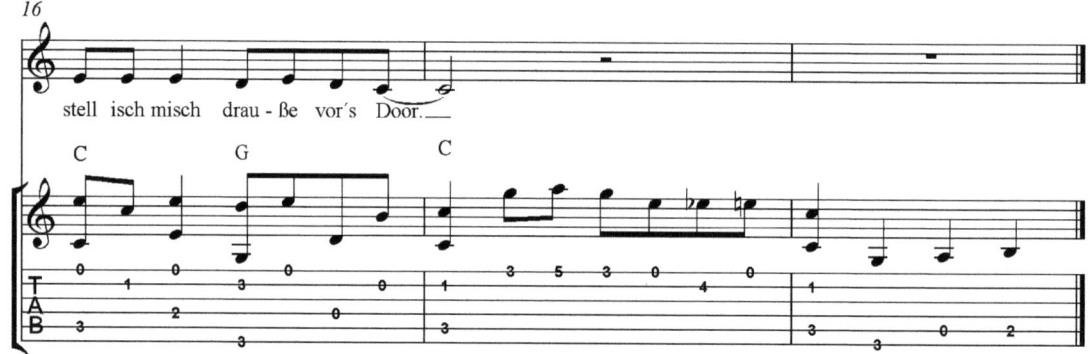

stell isch misch drau - ße vor´s Door.

1. Wann die Sunn schee schoint, un es Werrer is worm,
do stell isch misch drauße vor´s Door.
Guck, wie die Audos voriwwer fohrn,
un horsch, was bei de Nochbern geht vor.
Mäht de Lui soin Wassem, kocht die Kätt heit Kleeß?
Wann isch des net waaß, do werrn isch nerwees.
Wann die Sunn schee schoint, un es Werrer is worm,
do stell isch misch drauße vor´s Door.

2. Hab isch Pesch in de Lieb, hab isch Pesch im Spiel,
do stell isch misch drauße vor´s Door.
Do vegeht ganz schnell des schläschde Gefiehl,
denn do kimmt aam allehand zu Ohrn.
Em Fritz soi Fraa geht fremd mit em Kassier vun de Stadt,
un vor lauder Fraad dodriwwer vergeht mer´s eischene Laad.
Wann die Sunn schee schoint …

3. Werd Vitnam bombadiert, werd im Kongo gekillt,
do stell isch misch drauße vor´s Door.
Do gibt´s nix, was misch mit Schrecke erfillt,
dann bis zum End vun de Gass, do geht alles kloor.
Un fällt die Welt ausenanner, do merk isch´s erst dann,
wann isch netmeh vorm Door stehe kann.
Wann die Sunn schee schoint, …

4. Wann die Sunn schee schoint, un es Werrer is worm,
do stell isch misch drauße vor´s Door.
Guck, wie die Audos voriwwer fohrn,
un horsch was bei de Nochbern geht vor.
Un moin Horizont, der geht mer grad
vun de Billa ihre Wertschaft bis zum Friedhofspaad.
Wann die Sunn schee schoint, un es Werrer is worm,
do stell isch misch drauße vor´s Door.

Haam zu dir

Bodo Kolbe

1. Isch wollt, isch wär en Hering
   in Tomatesoß,
   kaan Ozjan der wär mir zu groß,
   ja, isch schwimm haam zu dir.
   Haam zu dir,
   isch kumm haam zu dir.
   Geh nur mol ins Fischgeschäft,
   vielleischt bin isch schun hier.

2. Isch wollt, isch wär e Nilpferd
   am Nil, weit weg vin hier,
   kaan Fluß, kaan Strom wär mir zu lang,
   ja, isch plansch haam zu dir.
   Haam zu dir,
   isch kumm haam zu dir.
   Geh nur nach Frankfert in de Zoo,
   vielleischd soin isch schun do.

3. O, wann isch doch King Kong wär,
   des riese Affedier,
   isch hipp im Wald vun Baam zu Baam un pendel haam zu dir.
   Haam zu dir,
   isch kumm haam zu dir.
   Geh nur in Gaade naus dehaam,
   isch hock dort uffm Baam.

4. Isch soin kaan Hering un kaa Nilpferd
   un aach kaan Rieseaff,
   als armer Landbub ausm Ried
   bleibt mer nur, dass ich laaf.
   Haam zu dir,
   isch kumm haam zu dir.
   Un dun mer aach moi Fiiß schun weh, isch kumm doch zu der hee.

Biibaa Blues

Bodo Kolbe

Der „Biibaa Blues" ist ein langsamer Blues-Shuffle in E. Was ich auf der alten LP „Mer speele de Bluus" dazu gespielt habe, weiß ich nicht mehr. Das, was ich heute spiele, gibt die Tabulatur wieder. Allerdings spiele ich es niemals genau gleich. Die Basstöne auf der 1 stoppe ich mit dem Ballen der rechten Hand auf der 2 ab, die beiden hohen Töne auf der 2 und zusammen mit dem Basston auf der 3.

Die Akkordfolge ist:
E / E / E / E /
A / A / E / E /
H⁷ / A / E / E /

Das Stück hat bis auf die letzte Strophe keinen Turnaround. Jedenfalls spiele ich das heute so.

1. Uffm Wieheisje leid e Biibaa,
   es leid medde uff de Waa.
   Un e Kiehwouedeichsel un en
   Woueradnouel,
   die lein do newedraa.
   Wie kimmt des Biibaa bloß dahie?
   Uff dere Waa kann mer jetz nemeh rischdisch wie`.

2. Un de Schorsch kimmt mit soim
   Drickkarrn,
   un er drickt genaa iwwer die Waa.
   Un e Manne mit Kadoffel un e Brenksche dicke Dickworz,
   die lein uff dem Drickkarrn owwe draa.
   Un er guckt net genaa hie
   un drickt genaa iwwer des Baa vun dere Bii.

3. Un do falle die Kadoffel
   un die Dickworz aus dem Woue raus
   uff die Kiehwouedeichsel un den Woueradnouel,
   un sie rolle uff die Gass enaus.
   Un de Schorsch flucht wie en Russ
   un singt voll Zorn de Biibaa Blues:

Refrain:
   Biibaa, Biibaa! You make me feel blue.
   Biibaa, Biibaa! I´m sad about you.
   Oh Biibaa! Du geheerst net hie da, oh Biibaa.
   Ei wärst de nie da.
   I hate you, oh Biibaa.

4. Aus´m Wieheisje sterzt en Haufe Frekel,
   mescht sisch iwwer die Kadoffel her.
   Un de Schorsch mit em Bengel sterzt sisch uff die Frekel,
   sunst hat er baal kaa Kadoffel mehr.
   Un er sammelt se schnell oi,
   schmeißt se mit de Dickworz in de Woue noi.

5. Wie er alles so do noi schmeißt,
   kimmt de Karl, der Ufloot, vorbei
   un segt: „Dickworz un Kadoffel lein dorum in doim Woue,
   so en Dorschenanner is net foi.
   Du doch die Baddie ba die Baddie
   un die Baddie ba die Baddie."

Refrain …

De Merfeller Dood

5-String Banjo Open-G-Tuning

Bodo Kolbe

Nei-lisch bei de-re schwie - le Hitz is moi O-ma, die Sche-re Di - na,

niw-wer iw-wer die Gass ge-laa__ fe zu de Löff - ler Li - na.

Un segt zu der: "Li - na heer mol her! Die Hitz macht mer zu

1. Neilisch bei dere schwiele Hitz is moi Oma, die Schere Dina,
   niwwer iwwer die Gass gelaafe zu de Löffler Lina.
   Un segt zu der: „Lina, heer mol her!
   Die Hitz macht mer zu schaffe schwer,
   weil isch doch alleweil so schwitz,
   kann kaum noch schnaufe bei der Hitz.
   Wann doch bloß anner Wedder wär.“

2. Die Löffler Lina musst in´s Ort Oikaafe un steit uff ihr Rad
   un fährt zu Schade Sache holle un trifft es Bolzeis Kätsche dort.
   „Ei guude Kätsche, waaßt de was,
   die Schere Dina is ganz blaß.
   Mit dere geht´s netmeh so räschd,
   ja die is krank, der geht´s ganz schläschd,
   isch glaab, die hat was mit de Blas."

3. Un als es Bolzeis Kätsche dann ihrn Haamweg iwwern Dalles nimmt,
   trifft sie es Berschde Sannsche dort, die grad vum Spaschelacker kimmt.
   „Die Dina hat´s an de Oigeweide,
   die leit dehaam, is blaß wie Kreide.
   Sie muß wohl baal ins Krankehaus,
   isch glaab lang hält die´s netmeh aus.
   De Herrgott erlös se vun ihrm Leide."

4. Es Sannsche mit ihrm Spaschelkorb kimmt haam un will in´s Haus noigeh,
   do sieht se doch vorm Nochberhaus vorm Door de Lampe Hannes steh.
   „Hannes, mit de Dina is es aus,
   die leit doodkrank im Krankehaus.
   Sie wollte se schun operiern,
   sie hat´s gewaldisch mit de Niern,
   lewend kimmt die dort netmeh raus."

5. De Hannes, der geht owends gern, besunners bei der schwiele Hitz,
   zum Kritsche Schorsch e Biersche trinke un dort trifft er de Gärtners Fritz.
   „Fritz, bass uff! Isch heer grad ewe,
   die Dina, die dut netmeh lewe.
   Sie is gestorwe ohne Fraach
   un iwwermoje, Dunnersdaach,
   wird ihr die letzte Ehr gegewwe."

6. Zwaa Daach später trifft moi Oma, wie ihr jo wisst die Schere Dina,
   uff de Gass die Haases Marrie, die kimmt grad vun de Löffler Lina.
   Die Oma rieft: „Die anner Woch
   zu moim Geburtsdaach kimmst de doch!"
   Die Marrie fährt Blitz un Damp erum,
   reißt die Aache uff, guckt forschbar dumm
   un segt: „Ei Dina, du lebst ja noch!"

Moral: Bei uns in Merrfelle gibt´s des ewe,
   dass Leit, die sterwe, halt noch lewe.

Nordweststadt Blues

Bodo Kolbe

Ja, isch wohn in de Nord west stadt   kumm doch e mol___ uff Be-such e -naus.

Begleitung langsamer Teil in Normalstimmung

Ja, isch   wohn in de Nord west-stadt   kumm doch e mol   uff Be

such e   naus...   Es

is so schee bei uns,   do sieht aa Haus ge-naa wie's annernaus.   Ja, isch

Der komplett ausnotierte Gitarrenpart in Standardstimmung orientiert sich an der Originalaufnahme von der LP „Mer speele de Blues". Ich habe nicht jeden Ton genauso gespielt, aber es kommt der Sache nahe. Auf der Platte ist das Stück in F, weil es der Pianist nicht in E spielen wollte. Die Gitarre spielt in E mit dem Capo am ersten Bund.

Heute spiele ich das Lied in offener E-Stimmung mit dem Bottleneck, wie hier dargestellt. Die Melodiephrasen, die in der Standardstimmung auf den beiden hohen Saiten gespielt werden, lassen sich auch in der offenen Stimmung so spielen.

Bodo Kolbe und Norbert Schamber im Studio 1976

Gesprochen:

Neilisch wor moin Kusseng Schorsch uff Besuch bei uns.
Der hat jetz geheiert un wohnt netmeh in Merfelle.
Der is mit soine Fraa nach Frankfert in die Nordweststadt gezoue.
Mir han so e bißje geschwätzt, isch hab en gefraacht, wie's em geht.
Un do hat er erzählt, dort wär alles viel greeßer un schenner wie in Merfelle.
Die Heiser wärn viel höher, un soi Wohnung wär viel greeßer.
Isch wollt des net so glaawe, un do isser so rischdisch ins Schwärme komme un hat zu mer gesacht:

1. Isch wohn in de Nordweststadt, kumm doch emol uff Besuch enaus.
   Ja, isch wohn in de Nordweststadt, kumm doch emol uff Besuch enaus.
   Es is so schee bei uns, do sieht aa Haus genaa wie's annern aus.

2. Die Heiser han all dreißisch Stockwerk un dun in Reih un Glied do steh.
   Die Heiser han all dreißsich Stockwerk un dun in Reih un Glied do steh.
   Wann de in aam vun de unnerste zeh wohnst, dust de doi Lewe lang die Sunn nemeh seh.

3. Moin Nochber, der heeßt Meier. Isch waaß es vum Schild an soine Dier.
   Moin Nochber, der heeßt Meier. Isch waaß es vum Schild an soine Dier.
   Isch hab en aach schun mol gesehe, des is drei Woche her odder aach vier.

Gesprochen

E Verteljohr späder is de Schorsch widder uff Besuch kumme. Isch hab gedenkt, isch mach em e Fraad un fraach en, wie's em geht. Do kann er der wirrer vorschwärme vun de hohe Heiser un de scheene Wohnung. Doch do hat isch misch ja so getäuscht. Der fängt uff amol oo zu kreische, als ob em aaner soi letzt Hemd geklaut hätt:

4. Isch will eraus aus de Nordweststadt, aus der Betongwüst will isch fort.
   Isch will eraus aus de Nordweststadt, aus der Betongwüst will isch fort.
   Isch haal des netmeh aus do, isch will widder haam uffs Ort.

5. Isch soin so allaans un einsam, isch kenn kaan Mann un kenn kaa Weib.
   Ja, isch soin so allaans un einsam, isch kenn kaan Mann un kenn kaa Weib.
   Un in dem ganze Betonghaufe do gibt's kaa aanzisch rischdisch Kneip.

6. E Atombomb du isch klaue, um uff die Betongklötz druffzuschmeiße.
   E Atombomb du isch klaue, um uff die Betongklötz druffzuschmeiße.
   Isch wollt es käm en große Arsch un dät die ganz Nordweststadt zuscheiße.

   Geb mer e Atombomb un glaab mer, isch du's.
   Ja, isch hab de Nordweststadt Blues.

Isch les jeden Moije die Zeidung

Capo II. Bund

Bodo Kolbe

1. Isch les jeden Moije die Zeidung
   mit de Doodesoozeische des Stick.
   Wann isch seh, dass isch do net debeisteh,
   do is des moi heechstes Glick.
   Do is des moi heechstes Glick, juchhei,
   do is des moi heechstes Glick.

2. Vum Briefträjer werrn isch beowachd,
   moin Nochber horschd an moine Wand,
   un de Sprecher im Fernseh guckt misch oo,
   als wärn isch net rääschd bei Verstand.
   Als wärn isch net rääschd bei Verstand, juchhei,
   als wärn isch net rääschd bei Verstand.

3. Moi Friehstick besteht aus zwaa Valjum,
   middaachs ess isch zwaa Aspirin.
   Wann isch owends zwaa Schloofpille oinemm,
   do schloof isch aach ganz sischer in.
   Do schloof isch aach ganz sischer in, juchhei,
   do schloof isch aach ganz sischer in.

4. Isch hab in jedem Compjuder e Nummer,
   beim Verfassungsschutz soin ich gemeld,
   doch wann isch in moim Wohnklo mol abkratz,
   do merkt des kaan Mensch uff de Welt.
   Do merkt des kaan Mensch uff de Welt, juchhei,
   do merkt des kaan Mensch uff de Welt.

Die Kränk (Frankfurt 1975): Armand Marechal, Bodo Kolbe,
Werner Panknien und Chistoph Oeser

Es kimmt net uff die Greeß oo

Bodo Kolbe

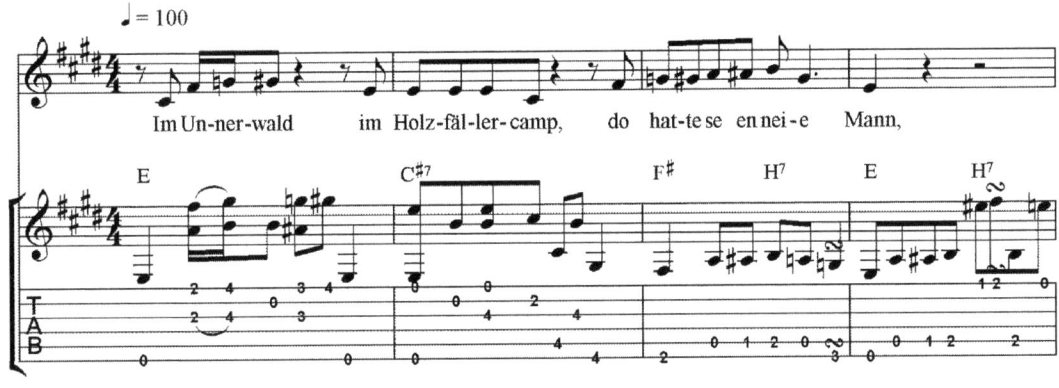

Im Un-ner-wald im Holz-fäl-ler-camp, do hat-te se en nei-e Mann,

un dem soi Axt wor nur so___ groß wie e klaa Kom-bi-zang

Die an-nern mit de Zwa-a___ Me-rer Axt, die han ge-lacht, doch er hat wie ver-hext

in Null-Kom-ma-nix en Baam um ge macht, un dann hat er ge- sagt:__

2

Refrain

17

"Es kimmt net uff die Greeß oo,___ es kimmt druff oo, was mer mit macht___

21

"Es kimmt net uff die Greeß oo,___ es kimmt druff oo, was mer mit macht___

25

Vor-ne biß- je men-ge, hin-ne biß-je riehrn do kann nix schief geh, do kann nix bas- siern

29

"Es kimmt net uff die Greeß oo,___ es kimmt druff

Hochhaussanierung in Langen August 2016.
Entdeckt und fotografiert von Siggi Heidecke

1. Im Unnerwald im Holzfällercamp, do hatte se en neie Mann,
   un dem soi Axt wor nur so groß wie e klaa Kombizang.
   Die annern mit de Zwaa-Merer-Äxt,
   die han gelacht, doch er hat wie verhext
   in Null-Komma-Nix en Baam umgemacht,
   un dann hat er gesacht:

Refrain:
   Es kimmt net uff die Greeß oo, es kimmt druff oo, was mer mit macht.
   Es kimmt net uff die Greeß oo, es kimmt druff oo, was mer mit macht.
   Vorne bißje menge, hinne bißje riehrn,
   do kann nix schief geh, do kann nix bassiern.
   Es kimt net uff die Greeß oo, es kimmt druff oo, was mer mit macht."

2. Es Fritzje wor erst siwwe Johr, doch en große Fußballfan.
   Un aans, des wor em jetz schun klor, er wollt wie Gerd Müller wern.
   Er freeschd de Babba: „Babba, stell der vor,
   kriehn isch mit Schuhgreeß zwanzisch iwwerhabt de Ball ins Tor?"
   Da hat de Alt em Fritz soi klaane Fiiß betracht,
   un dann hat er gesacht: „Ei Bub, baß uff!

Refrain:
   Es kimmt net uff die Greeß oo, es kimmt druff oo, was mer mit macht.
   Es kimmt net uff die Greeß oo, es kimmt druff oo, was mer mit macht.
   Vorne bißje menge, hinne bißje riehrn,
   do geht de Ball ins Tor, do kannst de nie verliern.
   Es kimmt net uff die Greeß oo, es kimmt druff oo, was mer mit macht."

3. Neilisch hab isch e Mädsche kennegelernt, es wor Liebe uff de erste Blick.
   Sie wor so schee, un sie hat misch gern, es wor e Stick vum Glick.
   Es is dann kumme, wie's halt kumme musst:
   Sie is mit mer haam, un mir han geschmusd.
   Wie isch moi Hose runnerlaß, da hat se gelacht,
   un do hab isch gesacht:

Refrain:
   Es kimmt net uff die Greeß oo, es kimmt druff oo, was mer mit macht.
   Es kimmt net uff die Greeß oo, es kimmt druff oo, was mer mit macht.
   Vorne bißje menge, hinne bißje riehrn,
   do gibt des e schee Spiel, un es dut kaaner verliern.
   Es kimmt net uff die Greeß oo, es kimmt druff oo, was mer mit macht.

B44

Bei uns do gibt's e Strooß, die is so forsch-bar lang, un was an der - e Strooß bas -siert, ve
zählt un-sern Ge- sang. Wer's net glaabt, errt sisch an de B vier-e - vier-zisch.

1. Bei uns do gibt's e Strooß, die is so forschbar lang,
   un was an dere Strooß bassiert, vezählt unsern Gesang.
   Wer's net glaabt, errt sisch … an de B 44.

2. Die Strooß, die is so lang, die geht dorschs ganze Ried,
   dort wo die Spaschel wachse, un wo die Dickworz blieht.
   Wer's net glaabt, errt sisch … an de B 44.

3. En Fremme mit soim Audo, der rast dorsch unsern Ort
   un iwwerfährt e Hinkel, wie e Briefmark wors so platt.
   Wer's net glaabt, errt sisch … an de B 44.

4. Ob ihr des Hinkel wär, des fregt er die aal Kätt.
   Die guckt sischs oo un segt: „So platte Hinkel han mer net."
   Wer's net glaabt, errt sisch … an de B 44.

5. Unsern Opa, der hat Geld, un mir, mir soin soi Erwe,
   doch de Alt is noch so rüsdisch, der denkt noch net ans Sterwe.
   Wer's net glaabt, errt sisch … an de B 44.

6. Jeden Sunndaach Mojen hörst de Audoschlange brumme.
   Mamme, jach de Opa naus, die Sunndaachsfahrer kumme.
   Wer's net glaabt, errt sisch … an de B 44.

7. Unsern Parre is so fromm, kaa Sünd dut der begeh.
   Zu dem könnt selbst de liewe Gott zum Beischde geh.
   Wer's net glaabt, errt sisch … an de B 44.

8. Der nimmt als die Kollekte, schmeißt se in de Himmel noi.
   Was owwe bleibt, is em liewe Gott, was runnerkimmt, is soi.
   Wer's net glaabt, errt sisch … an de B 44.

9. Hab Hawwer gedrosche, hab Linse geseet,
   hab mansch schee Mädsche beim Danze gedreht.
   Wer's net glaabt, errt sisch … an de B 44.

10. Soin mit rer gelaafe bei Reje un Wind,
    hab mit rer geschlafe un hab noch kaa Kind.
    Wer's net glaabt, errt sisch … an de B 44.

11. Moin Schatz is kadolisch, doch fromm is die net,
    die geht uff die Wallfahrt zu mir in moi Bett.
    Wer's net glaabt, errt sisch … an de B 44.

12. Des Lied is gesunge, die Kreizer verdient,
    un wer noch en Kreizer gibt, dem singe mer noch e Lied.
    Wer's net glaabt, errt sisch … an de B 44.

13. Geht haam ihr Bittelberner Bauern, mit eierm Gummernsalat.
    Ihr dut aam des Lewe versauern, mit eierm Gummernsalat.

Die „B 44" ist ein schneller achttaktiger Blues-Shuffle, an dem hinten (geht haam ihr Bittelberner Bauern) ein kleines Volkslied (auch als Shuffle) dranhängt. Auf der LP von 1977 ist es in E gespielt, wenn ich mich richtig erinnere. Heute spielen wir es meistens in G, was für die Gitarre egal ist, weil ich dann einfach einen Capo am dritten Bund benutze. Ich spiele es in der Regel in der offenen E-Stimmung, seltener auch in offen G.

Die Shuffle-Begleitung wie bei „Mer speele de Blues" oder im schnellen Teil vom „Nordweststadt Blues".

Die Akkordfolge ist: E / H^7 / A / A /

E / H^7 / E (Turnaround) H^7

Turnaround in Open E Takt 7 und 8

Bodo Kolbe

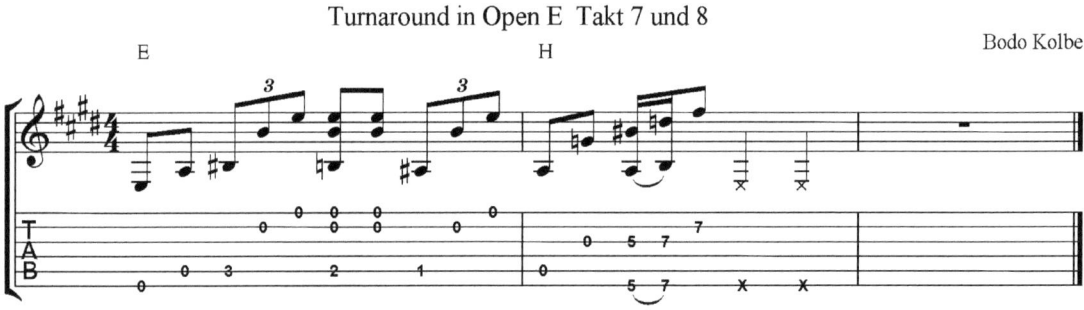

Dood un Deiwel 1979 – 1983

Unseren ersten Auftritt hatten wir am 28.4.1979 in Groß Gerau, unseren letzten am 13.5.1983 in Bad Vilbel. Dazwischen lagen vier Jahre und dreißig Kilometer. Den beteiligten Musikern und dem Stammpublikum kam die Zeit erheblich länger vor. Und es waren auch nicht immer nur dreißig Kilometer, die zwischen den Auftrittsorten lagen.

Rudi, Gerd und ich hatten mit etlichen anderen Musikern 1978 eine hessische Folk-LP produziert und nach deren Erscheinen beschlossen, zusammenzubleiben und eine Band zu gründen. Mike wollte gerne mitmachen und brachte Heinz mit, weil der gerade keine Band hatte. Damit stand die Erstbesetzung von Dood un Deiwel: Ein Folkie (Gerd), ein Jazzer (Heinz), ein Blueser (ich), ein Tanzmusiker (Mike) und einer mit Bassstimme, der lediglich die Refrains mitbrummte und dabei gut aussah. Schließlich war Rudi im Hauptberuf erster Verkäufer in der Herrenanzugabteilung eines großen Modehauses und trat in deren Hochglanzkatalogen als Dressman in Erscheinung. Eigentlich wollten wir südhessischen Folk spielen, doch mit Heinz am Bass ging es dann schnell wieder in Richtung Riedblues.

So fuhren wir 1979 durchs Rhein-Main Gebiet und durchs südhessische Ried und spielten ihn, den Riedblues. Im Herbst erschienen drei Titel von uns auf dem Sampler „Ried". Das war die Zeit, als es noch keine Privatsender gab, und die öffentlich-rechtlichen Rundfunkanstalten noch Sendungen im Programm hatten, in denen Folk und Blues nicht nur zu den schlechtesten Sendezeiten gespielt wurden. Auch war man damals offen für Produktionen, die nicht von den internationalen Multis der Unterhaltungsbranche auf den Markt geworfen wurden, sondern denen der Geruch des „Authentischen" anhaftete. „Authentisch" war überhaupt eines der damaligen Modeworte, und uns hielt man besonders dafür, da wir nicht nur in breitem südhessischen Dialekt sangen, sondern auch ohne Rücksicht auf die Verständlichkeit darin Interviews gaben. Dazu hatten wir nun reichlich Gelegenheit, denn der Rundfunk in Hessen und Rheinland-Pfalz spielte unsere Musik, und zwei Mal konnte man uns kurz in den dritten Fernsehprogrammen bewundern. Jetzt kamen wir bei Auftritten auch über den Kreis Groß Gerau hinaus, manchmal sogar bis in die benachbarten Bundesländer.

1980 begannen wir mit den Aufnahmen zu „Uff Deiwel kumm raus", unserer ersten LP. Im Frühjahr ging Mike überraschend mit seiner Tanzkapelle auf Englandtournee und stieg nach seiner Rückkehr bei Dood un Deiwel aus. Für ihn kam der Mörfelder Blues- und Boogiepianist Christoph Oeser in die Band. Mit ihm wurden die Aufnahmen zur LP fertiggestellt. Die Platte erschien im Herbst. Ende Februar 1981 erfuhren wir aus der Zeitung, dass die LP mit dem Vierteljahrespreis 1/81 der deutschen Schallplattenkritik ausgezeichnet wurde. Wir kamen noch nicht einmal dazu, die Aufkleber mit der Auszeichnung auf die LP-Hüllen zu pappen, denn wir steckten bereits mitten im Kampf gegen den Bau der Startbahn West des Frankfurter Flughafens. Zwei Monate später, am 30.4.1981, traten wir in einer Sendung des hessischen Rundfunks (Kulturfeier zum 1. Mai) auf, die bundesweit live übertragen wurde. Der im großen Sendesaal anwesende hessische Ministerpräsident Holger Börner fühlte sich (durchaus zurecht) durch unseren Titel „Härnschlääschd" (zu Hochdeutsch „Plem Plem") beleidigt, so dass sich der Intendant beim anschließenden Buffet in gewundenen Worten dafür entschuldigte, dass so etwas passieren konnte. Dabei trug er netterweise einen teuren Anzug, den ihm Rudi drei Wochen vorher verkauft hatte. Es soll auch noch eine Rundfunkratssitzung zu dem Thema gegeben haben. In der Folge wurden unsere Platten immer weniger im Radio gespielt. Interviews gab es nun so gut wie keine mehr, da man offensichtlich befürchtete, dass wir trotz unseres Dialekts zu gut zu verstehen wären.

Im Sommer 1981 bekam Rudi Probleme mit den Stimmbändern und stieg aus. Wir spielten ein paar Monate zu viert weiter, dann kam Klaus Forster in die Band und übernahm den Bass. Heinz wechselte zu E-Gitarre und Saxophon. Der Kampf gegen den Startbahnbau wurde immer heftiger, und wir versuchten trotz Demonstrationen, Platzbesetzungen und Solidaritätskonzerten den Tourbetrieb aufrechtzuerhalten. Wir waren bei allen großen Festivals in Hessen und Rheinland-Pfalz gebucht (Open Ohr Festival/Mainz, Festival im Garten/Wiesbaden, Mundartfestival /Wetzlar, Schiffenbergfestival/Gießen, Folkfest/Darmstadt, Lieder im Park/Frankfurt), aber nicht überall willkommen. Vor einem Auftritt in der Alten Oper in Frankfurt wurde unser Bandbus von der Polizei durchsucht, ehe man uns ins Haus ließ, und im Frühjahr 1982 wurden uns auf dem Hessentag in Wächtersbach auf Geheiß einiger Herren des Stadtrats vom Tontechniker die Mikrofone abgedreht.

In der Alten Oper und auf dem Hessentag hatten wir schon Teile unseres Startbahn-West-Grusicals „King Kong und der Präsident" gespielt, das wir Anfang 1982 in der Rekordzeit von sechs Wochen als Platte herausbrachten. Die Platte wurde nie im Rundfunk gespielt. Wir waren jetzt ausschließlich mit dem Anti-Startbahn-Programm unterwegs, und wurden auch außerhalb Hessens (etwa in Göttingen und Duisburg) nur noch damit identifiziert und gebucht. Mit leichtem Gruseln in der Stimme bekamen wir landauf, landab immer die gleiche Frage zu hören: "Und ihr kommt wirklich von dort?"

Als der Kampf verloren war, hatten wir den Ruf als Agitproptruppe weg, waren aus Rundfunk und Fernsehen verschwunden und saßen auf einem Stapel unverkäuflicher Platten. Aus den Radios quoll die Neue Deutsche Welle, und in Hessen war die neue hessische Szene auf dem Vormarsch als Vorbote der Comedykatastrophe. Riedblues war nicht lustig genug für die neuen Zeiten. Um die Band zu retten, machten wir einen verzweifelten Anpassungsversuch an den Trend. Doch die Single mit der Neuen- Deutschen-Welle-Parodie „Hartbackbord" vergrößerte nur den Stapel unserer Ladenhüter. Wir versuchten zum Riedblues zurückzukehren und nahmen Anfang 1983 einen alten Musikerkollegen, den Mundharmonikaspieler Werner Panknien, in die Band auf. Doch wir schafften es nur noch ein paar Monate. Wir arbeiteten die bestehenden Verträge ab und gaben im Mai 1983 auf. Es gab keinen Streit. Alle hatten das Gefühl: Gut is!

Klaus hat 1992 ganz mit der Musik aufgehört, Mike lebt heute auf Gran Canaria und tritt auch nicht mehr auf, Gerd spielt noch hin und wieder bei Demos oder Streiks (und manchmal begleite ich ihn dabei), Christoph ist ein über die Grenzen Deutschlands hinaus bekannter Boogiepianist, und ich ziehe noch immer durch Südhessen und spiele den Riedblues. Rudi und Heinz sind schon seit vielen Jahren nicht mehr am Leben.

Mörfelden, im Juni 2012

Bodo Kolbe

Rock´n Roll Star

Text & Musik:
Norbert Schamber & Bodo Kolbe

1. I wanna be a Rock´n Roll Star,
   therefore I iib on my Wandergitar.
   I iib by Day and I iib by Night,
   until dehaam de Babba schreit:
   Er schreit: „Boy, Boy, Boy!
   Lass des soi, soi, soi,
   sunst bringst de misch noch
     nooch Golle noi.“

2. Wann isch em Fender soi
   Dochder heier,
   krien isch e Box un den Amplifier.
   Die reiß isch dann uff so bis
   fünfhunnert Watt,
   dann kumm isch bei de Bravo
   uffs Titelblatt.
   Dann schrei isch: „Boy, Boy, Boy!
   Des is foi, foi, foi,
   jetz kumm isch aach noch in die
   Hitparad noi.“

3. Moi Jeans, die soin gääl, un moi
   Stiwwel soin red,
   moi Stimm, die is dinn un moi
   Bankkonto fett.
   Hipp isch uff de Biehn rum, werrn moi
   Groupies all schwach,
   un nach jeder Show do leg isch
   aa flach.
   Die schreit: „Boy, Boy, Boy!
   Jetz bist de moi, moi, moi.“
   Doch isch soin ja nur moim
   Manager treu.

4. Rock´n Roll Star, o Rock´n Roll Star!
   Isch soin so sexy, isch soin wunnerbar.
   Isch han e Hemb mit lauter glitzernde
   Stern
   Un e Va, e Va, e Vakuum im Hern.
   Un isch schrei: „Boy, Boy, Boy.
   Isch soin so foi, foi, foi,
   nur in moim Hern is e Vakuum droi.“

Uff Deiwel kumm raus

Bodo Kolbe

Uff „Deiwel kumm raus" ist ein zwölftaktiger Blues-Shuffle. Ich habe von der Rhythmusgitarre das Begleitmuster für die ersten vier Takte notiert und den Turnaround (Takt 11 und 12). Die Takte fünf bis zehn werden mit den gleichen Shuffle-Mustern wie „Mer speele de Blues" begleitet.

Die Gitarre spielt in E-Position mit dem Capo am dritten Bund, so dass das Stück in G erklingt.

Die Saiten werden nicht mit den Fingern gezupft, sondern mit dem Plektrum gespielt, d.h. dass nicht immer alle Saiten getroffen werden wie in der Tabulatur angegeben. Das kann auch mal eine weniger oder mehr sein.

Bodo Kolbe

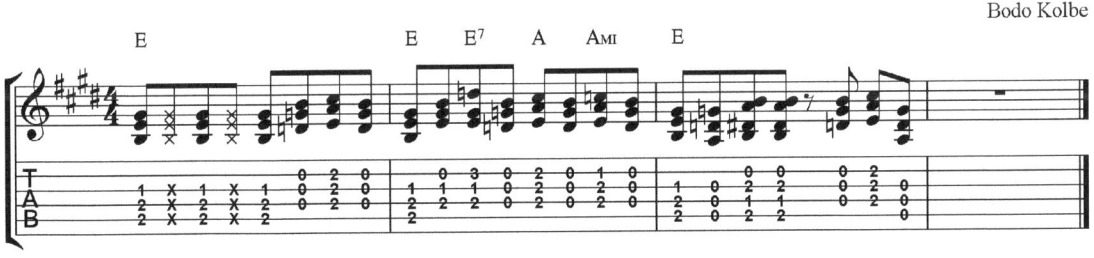

Die Akkordfolge ist

E / E / E / E /

A / A / E / E /

H^7 / A / E (Turnaround) H^7

1. Mir soin die Rock´n Roller aus´m diefe Ried,
   dort wo die Spaschel wachse un die Dickworz blieht.
   Unsern Krach hält mer im Kopp net aus,
   doch mer speele de Rock´n Roll uff Deiwel kumm raus.

2. Mir han all die Hits gespeelt aus de Hitparad,
   mir worn oifallslos un unser Musigg, die wor fad.
   Unsern Krach hält mer im Kopp net aus,
   doch mer speele de Rock´n Roll uff Deiwel kumm raus.

3. Mir soin als wie de Elvis uff de Biehn rumgehippt,
   doch unser Fans im Saal, die soin net ausgeflippt.
   Unsern Krach hält mer im Kopp net aus,
   doch mer speele de Rock´n Roll uff Deiwel kumm raus.

4. Mir worn vun alle Größe nur e schläschde Kopie,
   mir hatte viel Verstärker awwer kaa Phantasie.
   Unsern Krach hält mer im Kopp net aus,
   doch mer speele de Rock´n Roll uff Deiwel kumm raus.

5. Doch heit do speele mer nur noch unern eischene Kram,
   seit mer wie mer selbst soin, soin mir ganz enorm.
   Unsern Kram hält mer im Kopp gut aus,
   dann mer speele de Rock´n Roll uff Deiwel kumm raus.

6. Um uns zu ischbiriern, do werfe mir kaa Pille oi,
   do duts en Kaste Bier un en Bembel Äppelwoi.
   Mir han aach kaan Rolls Royce vorm Haus,
   doch mer speele de Rock´n Roll uff Deiwel kumm raus.

Dood un Deiwel (Bauschheim 1979): Gerd Schulmeyer, Bodo Kolbe,
Rudi Berg und Heinz „Henry“ Schwappacher

Opel GT

Standardstimmung, Capo 3. Bund

Bodo Kolbe

Bei uns gibt´s aan im Ort, der hat nur Stroh im Hern, un trotz-dem han im Ried al-le

Wei-wer den gern. Der hat schun fast e Glatz un is a net besun -ners schee,

doch der fährt en O- pel G T___ O-pel G T___ oh O-pel G T!___

Auf der LP „Uff Deiwel kumm raus" hat Gerd Schulmeyer die Gitarre gespielt. Ich habe die Gitarrenstimme so notiert, wie ich es heute spiele. Das ist nicht so weit entfernt von dem, was Gerd damals gemacht hat. Gleich ist auf jeden Fall, dass wir das Stück in E-Position mit dem Capo am dritten Bund gespielt haben, so dass es in G erklingt.

Mit den Pfeilen unter bestimmten Takten ist die Anschlagrichtung mit dem Plektrum angegeben, um die starken Akzente zu verdeutlichen.

1 Bei uns gibt's aan im Ort, der hat nur Stroh im Hern,
un trotzdem han im Ried alle Weiwer den gern.
Der hat schun fast e Glatz un is a net besunners schee,
doch der fährt en Opel GT.

2 Opel GT, oh Opel GT!
Im ganze Ried soin die Weiwer all hee.
Kumme in Horde gelaafe, wann se disch nur seh,
oh, oh, oh, oh Opel GT.

3 Da kannst de stark soi wie in Büffel odder schee wir en Apoll,
trotzdem finne disch die Weiwer net doll.
Sogor als Geistesriese hast de da kaa Schoaße meh,
dann dir fehlt halt de Opel GT.

4 Doi Raafe soin so geil un aa so braad,
doi Knippelschaldung, ja die is so knippelhard.
Wann mer Gas gibt, geht net nor de Tacho in die Heh,
oh, oh, oh, oh Opel GT.

5 Du hast iwwerall Kredit, hast de nur so e Kist,
du werst vom Boijemoaster mit Handschlaach begrießt.
Du geheerst in unserm Kaff zu de Hotwollee,
dann du hast ja en Opel GT.

6 Opel GT, oh Opel GT!
Du bist de Könisch vun de Schossee.
Du hast de Tiescher im Tank un doin Lack glänzt so schee,
oh, oh, oh, oh Opel GT.

Fernseh Blues

Chorsatz Raff Baitinger

Bodo Kolbe

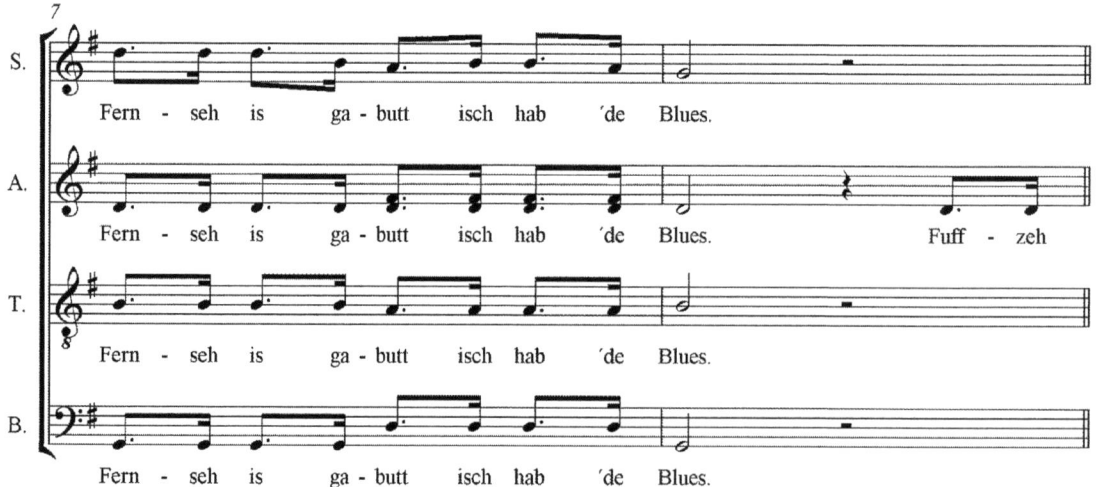

1. Unsern Fernseh is kabutt, isch hab de Blues.
   Unsern Fernseh is kabutt, isch hab de Blues.
   Mit em ganz, ganz leise Knalle
   is es Bild zusammegefalle.
   Unsern Fernseh is kabutt, isch hab de Blues.

2. Fuffzeh Johr hat er gehalte, isch soin sad.
   Fuffzeh Johr hat er gehalte, isch soin sad.
   Isch will netmeh weiderlewe,
   na am liebste dät isch sterwe.
   Unsern Fernseh is kabutt, isch hab de Blues.

3. Vun dem Sckrecke kaum erholt look isch around.
   Vun dem Schrecke kaum erholt look isch around.
   Un was isch do hab gesehe,
   lässt mer's Blut in de Adern stehe.
   Unsern Fernseh is kabutt, isch hab de Blues.

4. Ja moi Fraa wor nemeh schee wie years ago.
   Ja moi Fraa wor nemeh schee wie years ago.
   Un die Kinner worn verdorwe,
   un die Oma wor gestorwe.
   Unsern Fernseh is kabutt, isch hab de Blues.

5. Jetz soin die Owende so lonesome un so long.
   Jetz soin die Owende so lonesome un so long.
   Vorm doode Kaste dun mer hocke,
   un mer han nix meh zu talke.
   Unsern Fernseh is kabutt, isch hab de Blues.

6. Unsern Fernseh is kabutt, isch hab de Blues.
   Unsern Fernseh is kabutt, isch hab de Blues.
   Mit em ganz, ganz leise Knalle
   is moi Welt zusammegefalle.
   Unsern Fernseh is kabutt, isch hab de Blues.

7. Bye, bye Mister Köpke, du bringst mer niemeh die news,
   yeah, yeah Mister Köpke, isch hab de Fernseh Blues.
   Bye, bye Mister Rudi Carell, du bringst mer niemeh die show,
   yeah, yeah Mister Rudi Carell, uni sch soin niemeh froh.

Die Notation des Fernsehblues beinhaltet nicht wie bei allen anderen Songs Melodie, sowie Noten und Tabulatur für Gitarre, sondern den vierstimmigen Chorsatz von Ralf Baitinger. Hier die Gitarrenbegleitung.

In der Strophe spielt die Gitarre nur eine einfache Akkordbegleitung im 4/4 Takt.

G   /G   /G   /D   /

G G7/C A7/G D/G   /

In der Schlußsequenz ("Bye, bye Mister Köpke …") wird ein Boogieshuffle ähnlich wie bei „Mer speele de Blues" gespielt.

C   /C   /G   /G   /

D   /D   /G   /G   /

C   /C   /G   /G   /

D   /D   /G   /G   /

Riedblues im 21. Jahrhundert: „Handkäs mit Orange"
Ralf Baitinger, Fred Kraus, Bodo Kolbe

Marrie, moi Drobbe

Mar-rie, sei ru isch! Was wor des fern Schrei ? Der wor uff de Gass vor

un serm Haus. Mach die Lä - de schnell zu, machs Fen-ster schnell bei,__ isch

guck dorsch de Schlitz vun de Ga - di-ne e- naus.

1. Marrie, sei ruisch!
   Was wor des fern Schrei?
   Der wor uff de Gass vor unserm Haus.
   Mach die Läde schnell zu,
   machs Fenster schnell bei,
   isch guck dorsch de Schlitz vun de Gadine enaus.

2. Mer han nix geheert,
   mer han nix geseh,
   mer wisse vun nix, wann aaner fregt.
   Uns kann nix bassiern,
   uns kann nix gescheh,
   weil kaaner was waaß, un kaaner was segt.

3. Werd aaner geholt,
   werd aaner gequält,
   mer wisse vun nix, mer heern kaan Schrei.
   Dehaam unser Ruh
   is alles was zählt,
   `s wor immer schun so, `s werd immer so soi.

   Marrie, moi Drobbe!
   Was wor des fern Schrei?

Dood un Deiwel (1980): Gerd Schulmeyer, Christoph Oeser,
Heinz „Henry" Schwappacher, Bodo Kolbe und Rudi Berg

De Laddezau uff moim Bierdeckel

Standardstimmung, Capo 2. Bund

Bodo Kolbe

Kumm Gerd, sauf aus! Mer ma-che und fort. Es werd lang - sam

Zeit, um zu geh. Es is hal-wer drei, de

Wert, der gähnt laut. Isch glaab, der gibt uns nix meh.

1. De Laddezau uff moim Bierdeckel,
   der segt mer: „Bodo, geh haam."
   De Wert guckt so miid, der will aa in soi Bett.
   Ja isch glaab, isch mach misch jetz haam.

2. Kumm Gerd, sauf aus! Mer mache uns fort.
   Es werd langsam Zeit, um zu geh.
   Es is halwer drei, de Wert, der gähnt laut.
   Isch glaab, der gibt uns nix meh.

3. Außer uns un em Wert is kaaner meh doo,
   nur de Schnitzelgestank un de Raach,
   un es Lache un Schwätze hängt noch in de Kneip
   un es Lewe vum vorische Daach.

4. Mer gehn nomool pisse und dann werd bezahlt,
   dann haue mer ab ganz gewiss,
   mache haam un denke vielleischd nehmeh dro,
   bis es moije dann widder so is.

5. De Laddezau uff moim Bierdeckel,
   der segt mer: „Bodo, geh haam."
   De Wert guckt so miid, der will aa in soi Bett.
   Ja isch glaab, isch mach misch jetz haam.

Der Song ist ein Walzer in D. Die Gitarre ist in C-Position gespielt mit dem Capo am zweiten Bund. Die Bassläufe sind von Strophe zu Strophe nicht immer gleich.
Ich habe die Begleitung zur ersten Strophe so notiert, dass jeder Basslauf mindestens einmal vorkommt.

Gerd Schulmeyer und Bodo Kolbe

KING KONG

und der Präsident

KING KONG und der Präsident

Die Aufnahmen zu „King Kong und der Präsident" entstanden während der heißen Phase des Aufstandes gegen den Bau der Startbahn West des Frankfurter Flughafens. Vom ersten Studiotag, dem 12.2.1982, bis zum Erscheinen der Platte vergingen gerade mal sechs Wochen. Dabei haben die Musiker von »Dood un Deiwel« nicht nur an der Platte gearbeitet, sondern auch an den Demonstrationen und Platzbesetzungen teilgenommen.

„Agitprop" nannte Kritikerpapst Thomas Rothschild die Platte (FR 10.4.82), was uns damals nicht gefallen hat. Wir hätten gerne etwas von „Kunst" gehört. Wer die LP heute im Abstand von 35 Jahren hört, muss ihm recht geben. Wie hätte es auch anders sein können unter den gegebenen Umständen.

Zu Beginn der Aufnahmen war ein Teil der Lieder noch gar nicht geschrieben, manche der Ereignisse, die auf der Platte ihren Niederschlag fanden, noch gar nicht passiert. Manchmal wurde das Geschehen des Tages nachts zu einem Song zusammengeschrieben, der am nächsten Vormittag im Studio aufgenommen wurde. Mehr als einmal musste ein auf dem Studioboden schlafender Musiker zum nächsten Take geweckt werden. So ist denn auch kein musikalisches Highlight entstanden, aber ein Zeitdokument von höchster Emotionalität. Zwei Nummern stechen meiner Ansicht nach auf Grund ihrer textlichen Qualität heraus.

Der „Rundfunk Rag" ist eine Kabarettnummer, in der die Berichterstattung des hessischen Rundfunks zur Hüttendorfräumung satirisch überspitzt aufs Korn genommen wird. Auf der Platte begleitet Christoph Oeser den Song auf dem Klavier. Heute spiele ich ihn (eher selten, aber hin und wieder) mit Gitarrenbegleitung.

„Mir koche vor Wut" ist ein Kampflied im dreiviertel Takt, geschrieben für die legendäre Walldorfer Küchenbrigade. Ein wilder Haufen ehemals zahmer Hausfrauen, die im Startbahnkampf für die Demonstranten gekocht und sich furchtlos jeder Hundertschaft und jedem Wasserwerfer entgegengestellt haben. Sie haben „Mir koche vor Wut" damals zu ihrem Lied gemacht. Leider ist die Aufnahmequalität auf der LP unterirdisch. Nachdem sie das Lied einmal durchgesungen hatten, erklärten die Damen nämlich, dass sie gleich wieder raus in den Wald müssten. Der Tontechniker hat noch gerufen: „Ich hab doch noch gar net gepegelt!" Aber da waren sie schon weg. Wäre das Band nicht zufällig mitgelaufen, hätten wir gar nichts gehabt.

Mir koche vor Wut

Lied der Walldorfer Küchenbrigade

Bodo Kolbe

Die Küchenbrigade im Einsatz 1980/81

1. Mir soin net am Koche, weil mir koche misse,
   mir koche, mir koche vor Wut.
   Fern Kampf um de Wald do is jeder Bisse,
   drum koche, drum koche mir gut.
   Fern Wald un fers Lewe do werd hier geschafft,
   denn wer lebt, der brauch Esse, un wer kämpft, der brauch Kraft,
   un net nur im Owe is Glut.
   Mir koche, mir koche vor Wut.

2. Mir heize mit Knippel vun Bolizisde,
   mir koche, mir koche vor Wut,
   mim Verfassungsschutz soine schwarze Lisde,
   die brenne, die brenne so gut.
   Mir koche bei Daach, un mir koche bei Nacht,
   es Feier werd dauernd vun neiem entfacht.
   Des Gericht, was mir koche, werd gut.
   Mir koche, mir koche vor Wut.

3. Mir koche so lang, bis die Startbahn gestorwe,
   mir koche, mir koche vor Wut,
   un bis de Reschierung ihr Plän sin vedorwe,
   erst dann, erst dann werd geruht.
   Mir koche so lang, bis de Börner werd bleisch,
   heern net eher uff, bis de Gries endlisch weisch,
   dann Griesbrei, der schmeckt uns so gut.
   Mir koche, mir koche vor Wut.

4. Beim Koche un Kämpfe net es Lache vergesse,
   mir koche, mir koche vor Wut.
   Wer Verbitterung fiehlt, der kocht kaa gut Esse
   un kämpft, un kämpft aa net gut.
   Un hammer gesiescht geje die Startbahn West,
   dann koche mer Esse un feiern e Fest,
   uns schmeckt´s allminanner so gut:
   Mir koche, mir koche vor Wut.

Rundfunk Rag

1. Meine Damen und Herr´n, ich befinde mich hier,
    vor Ort, im Brennpunkt des Gescheh´ns.
    Nämlich im Popo unsres Innenministers,
    von hier aus kann ich alles überseh´n.
    Es war gar nicht schwer hier hereinzukommen,
    das erlauchte Gesäß ist sehr groß,
    ich habe mein Mikro zur Hand genommen,
    und schon geht die Sendung los.

2. Vor mir seh ich fünfzehntausend Polizisten,
    gewandet in modisches Grün,
    zehn Panzerwagen, zwanzig Wasserwerfer,
    die würziges Tränengas sprüh´n.
    Die Polizei ist heute sehr schön kostümiert
    mit Helmen und Knüppeln und Schilden.
    Eine Nummer aus Asterix wird jetzt probiert,
    indem sie einen Angriffskeil bilden.

    Aber ich sitze sicher und warm
    in dem Innenminister sei´m Darm.

3. Im Unterholz seh ich zigtausend Chaoten,
    die Polizei hat vor ihnen gewarnt.
    Sie haben sich heute als Hausfrau´n verkleidet
    oder auch als Rentner getarnt.
    Kriminelle mit Kindern, Asoziale mit Oma
    Steh´n zu Tausenden zum Angriff bereit,
    sie warten auf´s Kommando eines Vorzeigebürgers,
    der durch ein Megaphon schreit.

4. Getarnt als Stadtrat der Christdemokraten
    seh ich dort ein Kommunistenschwein,
    daneben ein Verbrecher, der andauernd vorgibt
    in Mörfelden Pfarrer zu sein.
    Doch ich hab sie durchschaut, denn bei uns im HR
    da arbeiten nicht nur Idioten.
    Die Region hier ist voller Berufsdemonstranten,
    voll brutaler, roter Chaoten.

    Aber ich sitze sicher und warm
    in dem Innenminister sei´m Darm.

5. Die Meute weigert sich jetzt mit Flaschen zu werfen,
   was ist denn das für eine Sauerei?
   Deshalb wirft aus dem eingenomm´nen Hüttendorf raus
   jetzt eine Hundertschaft der Polizei
   einen Hagel Flaschen auf die wehrlose Meute,
   die empfindet das als höchstes Glück.
   Und siehe da: So ein bis zwei Leute,
   die schmeißen jetzt ´ne Flasche zurück.

6. „Molotowcocktails!", brüllt der Einsatzleiter,
   „Jungs, macht euch fertig zum Sturm.
   Und wen ihr erwischt von den roten Chaoten,
   den haut ihr in Notwehr gleich um!"
   Da stürmen sie los, unsere wackeren Recken,
   die Beschützer der FDGO.
   Hoffentlich kriegt ihre schöne Montur keine Flecken,
   denn das Blut, das spritzt immer so.

   Aber ich sitze sicher und warm
   in dem Innenminister sei´m Darm.

7. Jetzt ist der Einsatz beendet; unsere tapferen Helden
   kommen hinter die Mauer retour,
   um ein paar leicht verletzte Chaoten zu melden
   mit Verdacht auf Schädelbasisfraktur.
   Aber weit über hundert uns´rer wackeren Burschen
   wurden bei diesem Einsatz verletzt.
   Sie sind nämlich im Eifer ihrer Pflichterfüllung
   in eine Tränengaswolke gewetzt.

8. Von diesen raffinierten, brutalen Verbrechern
   in das eigene Kampfgas gelockt!
   Meine Damen und Herr´n, über so viel Gemeinheit
   bin ich vor Entrüstung geschockt.
   Ich wünsche den Schützern von Recht und von Ordnung
   für den weiteren Einsatz viel Glück,
   den Hörern einen friedlichen Feierabend
   und gebe nun ins Funkhaus zurück.

Bodo Kolbe

Bulldog
Bluus

De "Kumm doch, goldisch Mama, mit mer haam in´s Ried"- Blues

Bodo Kolbe

Die Tabulatur ist das Gitarrensolo, wie ich es heute (so oder so ähnlich) spiele. Die Begleitung zu den Strophen ist fast genauso (nur etwas sparsamer; weniger Läufe, mehr Akkordauflösungen).
Ich spiele das Stück in C-Position mit dem Capo am vierten Bund. Es erklingt also in E. Die Akkordfolge geht aus der Tabulatur hervor.

1. Kumm doch, goldisch Mama, mit mer haam in´s Ried,
   en kerzegrade Sparschel geht mer net aus moim Gemiet.
   Was willst de dann in Frankfert, do gibt´s doch nur noch Krach, Raach un Ruß.
   Isch sing de „Kumm doch, goldisch Mama, mit mer haam in´s Ried" - Blues.

2. Du brauchst nix zu vermisse, bei uns doo gibt´s aach Krach.
   Dezu hammer die Fliescher, un die fliesche Daach un Nacht.
   Die Fensterscheiwe scheppern, des is doch fer jed Ohr en Genuß.
   Isch sing de „Kumm doch, goldisch Mama, mit mer haam in´s Ried" – Blues.

3. Hier is es aach kaum schenner wie in Frankfert uff de Zeil,
   doch anner vun de Männer, der is hier uff disch ganz…….wild.
   Un isch, isch soin der aane, isch schmachde Daach un Nacht nach doim Kuß.
   Isch sing de „Kumm doch, goldisch Mama, mit mer haam in´s Ried" – Blues.

4. Kumm doch, goldisch Mama, mit mer haam in´s Ried,
   en kerzegrade Sparschel geht mer net aus moim Gemiet.
   Was willst de dann in Frankfert, do gibt´s doch nur noch Krach, Raach un Ruß.
   Isch sing de „Kumm doch, goldisch Mama, mit mer haam in´s Ried" - Blues.

Bodo Kolbe

„Bodo zum 50." Laudatio von Heinz Mees (Musikjournalist und Mitherausgeber des *Folkmagazin*)

Als Historiker lernte ich (und gebe es noch heute an meine SchülerInnen weiter), dass Flusslandschaften die Rahmenbedingungen für die frühen Hochkulturen lieferten - seien es der Nil, Euphrat oder Tigris, der Indus oder der Jordan. Vom Rhein und dem Ried war dabei nie die Rede. Das muss, das soll, das wird sich ändern !

Flusslandschaften und Hochkulturen gehören zusammen wie Handkees un Mussig, wie Ebbelwoi un Bembel, wie Ried un Bodo.

Wer jetzt Verständnisschwierigkeiten hat, nochmal auf gut Neuhochdeutsch: Flusslandschaften und Hochkulturen gehören zusammen wie . . . siehe oben. Es gibt eben Sachen, die kann man/frau nur im Dialekt ausdrücken, dialektisch sozusagen. Einer, der seit mehr als 25 Jahren (mehr als die Hälfte seines Lebens!) dies mit immer größer werdendem Erfolg tut, ist Bodo Kolbe.

Als wir zum ersten mal über diesen Text sprachen, meinte Bodo in unvergleichbarer Bescheidenheit, es genüge ja völlig, wenn viermal der Begriff "genial" auftauche. Schon waren die Schwierigkeiten da: wie soll sich denn ein Laudator so beschränken?

Also denn, fangen wir an:

1. Ich finde, dass Bodo ein genialer Texter ist. Nicht nur, dass er zu einer Zeit Dialekt sang (und sprach), als das noch verpönt war, er also sozusagen einer der Geburtshelfer (wenn nicht gar heimlicher Vater) des Dialekt-Liedes ist, nein, Bodo schafft es in wunderbarer Verkürzung (auf 3 Min 27) ein kleines lokales Welttheater zu präsentieren. Eben das, was ein Chanson ausmacht. Und seltsam, mit Chanson hat ihn noch niemand verglichen. Ich tu es hiermit. Es gelingen ihm wunderbar witzige Passagen ("Biebaa-Blues") und gleichsam anrührende, besinnliche Stücke, die einen poetischen Reiz haben, den man wohl nur spürt, wenn man im gleichen Dialekt groß geworden ist.

2. Ich finde, dass Bodo ein genialer Musiker ist. Wer wie er die Slide-Gitarre so zart wimmern, so schrill aufschreien lässt, macht das Instrument auch zur Stimme, zum Teil des Musik-Prozesses, zum gleichberechtigten Part des künstlerischen Ganzen - setzt Text und Musik in eine Einheit, ohne eine unziemliche Dominanz des einen oder anderen zuzulassen.

3. Ich finde, dass Bodo ein genialer "Transporteur" oder "Transferierer" ist. Er versteht es wunderbar, die Stimmung des Blues, des Ragtime, des Bottleneck- Song vom Mississippi an den Rhein zu transportieren. Da ist man schon geneigt, bei der nächsten Begrüßung mal nachzuschauen, ob er etwa hinterm linken Ohr noch ein Baumwollflöckchen trägt. Aber im Ernst: Er nimmt nicht äußerlich das musikalische Gewand des Blues auf, er trägt es thematisch wie eine Haut, nicht wie einen Mantel. Es will mir scheinen, dass die neueren Lieder sich immer weiter zurück wenden in die Jugend des Autors einerseits ("Geerer Schrittsche"), andererseits das Thema des Todes nicht aussparen. Hier verkümmert der Blues nicht zum beliebig austauschbaren Musikteppich, hier bestimmt das (musikalische) Sein natürlich das (textliche) Bewusstsein.

Sagte ich nicht schon oben, dass Dialekt und Dialektik ganz offensichtlich miteinander zu tun haben? Was zu beweisen war.

Ich finde, dass Bodo ein genialer . . . ach nein: ein Kult-Sänger, Kult-Liedermacher, Kult-Texter (usw) ist, kurzum: wer Evergreens wie "Mer speele de Blues", "Haam zu dir" oder "B 44" zu verantworten hat, gehört längst in den Bereich "Kult", freilich nur, wenn das Wort was mit "Kultur" zu tun hat. Tja, lieber Bodo, jetzt lese ich noch mal meinen Text und stelle fest, dass es doch nur dreimal "genial" heißt. Weißt du was? Das vierte "genial" hebe ich mir für die nächste Laudatio auf. In diesem Sinne: Ad multos annos. Oder auf gut hessisch: Uff die negste fuffzisch, gell!

Dein
Heinz Mees

Festungskeller Rüsselsheim, November 1982: Bodo Kolbe und Heinz Mees bei der
Vorstellung der Anthologie "Die falsche Richtung - Startbahn West"

Discographie

Zum Zeitpunkt der Drucklegung verfügbare Tonträger.

01. *Mer speele de Blues*

Bodo Kolbe/Norbert Schamber „Mer speele de Bluus",
Dickworz Bladde, DWCD 19771

Bodo Kolbe „Ganz allaans un gor net debei", Dickworz Bladde, DWCD 0599

Dr. Kolbe & Frl. Schmitz „Premiere", Dickworz Bladde, DWCD 0805

Handkäs mit Orange „Live in de Tornhall", Taunus Records, HMO 2011

02. *Vorm Door Steher Rag*

Bodo Kolbe/Norbert Schamber „Mer speele de Bluus",
Dickworz Bladde, DWCD 19771

Bodo Kolbe „Ganz allans un gor net debei", Dickworz Bladde, DWCD 0599

Dr. Kolbe & Frl. Schmitz „Premiere", Dickworz Bladde, DWCD 0805

Handkäs mit Orange „Live in de Tornhall", Taunus Records, HMO2011

03. *Haam zu dir*

Bodo Kolbe/Norbert Schamber „Mer speele de Bluus",
Dickworz Bladde, DWCD 19771

Dr. Kolbe & Frl. Schmitz „Premiere", Dickworz Bladde, DWCD 0805

04. *Biibaa Blues*

Bodo Kolbe/Norbert Schamber „Mer speele de Bluus",
Dickworz Bladde, DWCD 19771

Dood un Deiwel „Uff Deiwel kumm raus", Dickworz Bladde, DWCD 19805/12

Saure Gummern „Was Bessers wie de Dood" (DVD),
Dickworz Bladde, DWVD 0104

Handkäs mit Orange „Live in de Tornhall", Taunus Records, HMO2011

05. *De Merfeller Dood*

Bodo Kolbe/Norbert Schamber „Mer speele de Bluus",
Dickworz Bladde, DWCD 19771

Bodo Kolbe „Ganz allaans un gor net debei", Dickworz Bladde, DWCD 0599

Handkäs mit Orange „Live in de Tornhall", Taunus Records, HMO2011

06. Nordweststadt Blues

Bodo Kolbe/Norbert Schamber „Mer speele de Bluus",
Dickworz Bladde, 19771

Bodo Kolbe „Ganz allaans un gor net debei", Dickworz Bladde, DWCD 0599

07. Isch les jeden Moje die Zeidung

Bodo Kolbe/Norbert Schamber „Mer speele de Bluus",
Dickworz Bladde, DWCD 19771

08. Es kimmt net uff die Greeß oo

Bodo Kolbe/Norbert Schamber „Mer speele de Bluus",
Dickworz Bladde, DWCD 19771

Bodo Kolbe „Ganz allaans un gor net debei", Dickworz Bladde, DWCD 0599

Saure Gummern „Was Bessers wie de Dood" (DVD),
Dickworz Bladde, DWVD 0104

Handkäs mit Orange „En Sieße, en Saure, aan pur", Taunus Records, HMO2016

09. B44

Bodo Kolbe/Norbert Schamber „Mer speele de Bluus",
Dickworz Bladde, DWCD 19771

Bodo Kolbe „Ganz allaans un gor net debei", Dickworz Bladde, DWCD 0599

Handkäs mit Orange „En Sieße, en Saure, aan pur", Taunus Records, HMO2016

10. Uff Deiwel kumm raus

Dood un Deiwel „Uff Deiwel kumm raus", Dickworz Bladde, DWCD 19805/12

Dr. Kolbe & Frl. Schmitz „Premiere", Dickworz Bladde, DWCD 0805

Handkäs mit Orange „En Sieße, en Saure, aan pur", Taunus Records, HMO2016

11. Rock´n Roll Star

Dood un Deiwel „Uff Deiwel kumm raus", Dickworz Bladde, DWCD 19805/12

Handkäs mit Orange „En Sieße, en Saure, aan pur", Taunus Records, HMO2016

12. Opel GT

Dood un Deiwel „Uff Deiwel kumm raus", Dickworz Bladde, DWCD 19805/12

Bodo Kolbe „Ganz allaans un gor net debei", Dickworz Bladde, DWCD 0599

Handkäs mit Orange „En Sieße, en Saure, aan pur", Taunus Records, HMO2016

13. Fernseh Blues

Dood un Deiwel „Uff Deiwel kumm raus", Dickworz Bladde, DWCD 19805/12

Bodo Kolbe „Ganz allaans un gor net debei", Dickworz Bladde, DWCD 0599

Handkäs mit Orange „Live in de Tornhall", Taunus Records, HMO2011

14. Marrie, moi Drobbe

Dood un Deiwel „Uff Deiwel kumm raus", Dickworz Bladde, DWCD 19805/12

15. De Laddezau uff moim Bierdeckel

Dood un Deiwel „Uff Deiwel kumm raus", Dickworz Bladde, DWCD 19805/12

16. Mir koche vor Wut

Dood un Deiwel „King Kong und der Präsident" (Vinyl-LP),
Dickworz Bladde, DWB 198210
Die Platte ist nicht auf CD erschienen; als Vinyl-LP gibt es noch Exemplare beim
Verlag

17. Rundfunk Rag

Dood un Deiwel „King Kong und der Präsident", Dickworz Bladde, DWB 198210

18. De „Kumm doch, goldisch Mama, mit mer haam ins Ried" Blues

Bodo Kolbe „Bulldog Bluus" (Vinyl-LP, nicht mehr lieferbar), Dickworz Bladde,
DWB 198315

Bodo Kolbe „Ganz allaans un gor net debei", Dickworz Bladde, DWCD 0599
Die Version auf der CD ist von Volker Cezanne, dem Mundharmonikaspieler der
„Saure Gummern".
Der Text ist original wie auf der LP „Bulldog Bluus", musikalisch ist seine Version aber ganz anders. Er hat aus dem Ragtime einen Blues gemacht. Die Gitarrentabulatur im Buch bezieht sich auf die Ragtimeversion.

Bezugsadressen:

Dickworz Bladde Verlag GmbH – www.dickworz.de

Taunus Records – www.taunusrecords.de
Die Titel, der bei Taunus Records erschienenen CDs, können auch einzeln als
Download bezogen werden.

Bildverzeichnis

Literaturhinweise

Texte von Bodo Kolbe (Auswahl) in:

- Folkmagazin Nr. 6, Rüsselsheim 1979
- Musikblatt Nr. 3, Göttingen 1980
- Dialect Nr. 1, Wien 1980
- Die Wildnis der Doris Gay, Berlin 1980
- Folkmagazin Nr. 1, Rüsselsheim 1981
- Folkmagazin Nr. 4, Rüsselsheim 1981
- die tat, Frankfurt, 1981
- Musikblatt Nr. 10, 1981
- Das kleine dicke Liederbuch, Darmstadt 1981
- Liedercircus/Student für Europa, Berlin 1982
- Musikblatt, Göttingen 1982
- Die falsche Richtung: Startbahn West, Rüsselsheim 1982
- Folkmagazin Nr. 11/12, Rüsselsheim 1982
- Folkmagazin Nr. 1, Rüsselsheim 1983
- Entwicklungspolitik/epd, Frankfurt 1984
- Sievritts „Politisch Lied, ein garstig Lied?", Wiesbaden 1985
- Dichten in Dialekt, Marburg 1985

Texte über Bodo Kolbe (von der Fußnote bis zur Halbseite) in:

- Steinbiß „Deutsch-Folk: Auf der Suche nach der verlorenen Tradition", Frankfurt am Main 1984, S. 118
- Sowinski „Lexicon deutschsprachiger Mundartautoren", Hildesheim/Zürich/New York 1997, S. 509
- Robb „Protest Song In East And West Germany Since The 1960s", Rochester/New York 2007, S. 164
- Rauhut/Lorenz (Hrsg.) "Ich hab den Blues schon etwas länger – Spuren einer Musik in Deutschland", Berlin 2008, S. 273
- Diverse Autoren „Kulturelle Entdeckungen – Literaturland Hessen", Darmstadt 2009, S. 315
- Siebers/Zagratzki (Hrsg.) „Das blaue Wunder – Blues aus deutschen Landen", Eutin 2010, S. 406, 410/11
- Keber/Frühwacht-Treber/Treber „50 Jahre Protest gegen den Ausbau des Frankfurter Flughafens", Frankfurt 2015, S. 59/60, 111-113, 327